CATALOGUE INDICATIF

DES

MONNAIES BYZANTINES

FORMANT LA

COLLECTION DE M. SOLEIROL,

DONT LA VENTE AURA LIEU A PARIS

Les Jeudi 19, Vendredi 20 et Samedi 21 Juillet 1855,

A L'HEURE DE MIDI,

Hôtel des Commissaires-Priseurs, rue Drouot, n° 5,

SALLE N° 3, AU PREMIER ÉTAGE,

Par le ministère de M. DELBERGUE-CORMONT, Commissaire-Priseur, rue de Provence, n 8.

EXPOSITION PUBLIQUE

LE MATIN DE CHAQUE VACATION

DE DIX HEURES A MIDI.

Cette vente sera faite sous la direction de M. ROLLIN et en suivant l'ordre des numéros du Catalogue qui se distribue :

A PARIS,

Chez M. Delbergue-Cormont, commissaire-priseur ;
M. Rollin, rue Vivienne, n· 12.

A LONDRES,

Chez M. Curt, Lisle Street 15.

METZ.

IMPRIMERIE F. BLANC, RUE DU PALAIS.

1855.

TABLEAU

INDIQUANT LA RÉPARTITION DES NUMÉROS

DU

CATALOGUE DES MONNAIES BYZANTINES

QUI COMPOSENT LA COLLECTION DE M. SOLEIROL,

EN 548 LOTS.

L'attribution des pièces est établie par l'*Essai de classification des suites monétaires byzantines, par F. de Saulcy,* et la description complète de chaque pièce est donnée par le *Catalogue* indiqué ci-dessus. Ces deux ouvrages se trouvent chez M. Rollin, rue Vivienne, 12, à Paris.

Dans ce tableau, la première colonne indique les numéros des lots, et la seconde, les numéros du *Catalogue* qui les composent. Ces derniers, quand ils sont suivis de la lettre G, se rapportent aux pièces qui sont gravées dans l'atlas de l'*Essai de classification*, et les numéros suivis de la lettre D, indiquent les pièces qui ne sont que décrites dans le texte du même ouvrage.

Ce tableau se distribue chez M. Rollin, rue Vivienne, 12, à Paris.

Metz. — Imp. F. Blanc.

NUMÉROS des lots.	NUMÉROS du catal.
1	1G
2	2
3	3
4	4G
5	5
6	6
7	7G
8	8D
9	9G, 10
10	11, 12
11	13, 14, 15
12	16, 17, 18
13	19, 20, 21
14	22, 23, 24
15	25, 26, 27, 28G
16	29, 30D, 31
17	32D
18	33D
19	34
20	35G
21	36D
22	37G
23	38D
24	39
25	40G, 41
26	42, 43, 44
27	45, 46, 47
28	48, 49, 50, 51, 52
29	53, 54, 55, 56
30	57, 58, 59, 60
31	61G, 62, 63, 64G
32	65D
33	66D
34	67
35	68
36	69
37	70
38	71
39	72
40	73
41	74D
42	75D
43	76D
44	77G
45	78D
46	79D
47	80, 81G, 82, 83
48	84, 85, 86, 87
49	88, 89, 90, 91
50	92, 93, 94, 95
51	96, 97, 98, 99
52	100, 101, 102, 103
53	104, 105
54	106, 107, 108
55	109, 110
56	111
57	112, 113
58	114, 115
59	116, 117
60	118, 119
61	120, 121
62	122, 123
63	124, 125
64	126, 127
65	128, 129, 130
66	131, 132
67	133, 134, 135, 136
68	137
69	138, 139G
70	140G
71	141G
72	142, 143, 144
73	145, 146, 147, 148
74	149, 150, 151
75	152, 153, 154, 155
76	156, 157, 158D, 159, 160
77	161, 162D, 163
78	164D, 165
79	166, 167, 168, 169
80	170, 171, 172
81	173D, 174, 175, 176
82	177, 178G
83	179D, 180, 181, 182, 183
84	184, 185, 186D, 187
85	188, 189, 190, 191
86	192, 193D
87	194, 195
88	196, 197, 198
89	199, 200, 201, 202
90	203, 204, 205D, 206, 207
91	208, 209, 210, 211, 212, 213
92	214D, 215D, 216D, 217, 218
93	219, 220G, 221D, 222, 223
94	224D, 225D, 226D, 227, 228
95	229, 230, 231, 232D
96	233
97	234
98	235
99	236G
100	237G, 238D, 239D
101	240
102	241, 242
103	243, 244, 245, 246
104	247, 248, 249, 250
105	251, 252, 253, 254
106	255, 256, 257
107	258, 259, 260
108	261, 262, 263
109	264, 265, 266G
110	267, 268, 269
111	270D
112	271D
113	272D, 273D
114	274, 275, 276
115	277, 278, 279, 280
116	281, 282, 283, 284
117	285, 286, 287, 288, 289, 290
118	291D
119	292D
120	293G
121	294G
122	295
123	296
124	297
125	298, 299
126	300, 301
127	302
128	303G
129	304D
130	305G, 306, 307
131	308, 309, 310, 311
132	312, 313, 314, 315
133	316, 317
134	318, 319, 320, 321
135	322, 323, 324, 325
136	326, 327D, 328G, 329
137	330G
138	331
139	332G
140	333D
141	334G
142	335
143	336D
144	337G
145	338, 339, 340, 341
146	342, 343, 344G, 345
147	346, 347, 348, 349
148	350, 351, 352, 353
149	354D
150	355, 356D, 357, 358, 359, 360
151	361, 362, 363, 364, 365, 366, 367
152	368D
153	369, 370D, 371
154	372, 373, 374, 375, 376D
155	377, 378, 379, 380, 381, 382
156	383, 384, 385, 386, 387D, 388G
157	389, 390D, 391, 392D
158	393, 394G, 395, 396
159	397, 398, 399, 400, 401
160	402, 403, 404, 405, 406
161	407D, 408D, 409, 410D, 411D, 412
162	413G
163	414D
164	415G
165	416G
166	417G
167	418G
168	419G
169	420, 421, 422, 423
170	424D, 425, 426, 427
171	428, 429G, 430D
172	431D
173	432, 433D, 434, 435
174	436D, 437D, 438G
175	439D, 440D, 441
176	442, 443, 444G
177	445, 446, 447
178	448
179	449
180	450D
181	451G
182	452D, 453D, 454D
183	455G
184	456
185	457
186	458G
187	459
188	460G
189	461D
190	462G
191	463G
192	464D
193	465D, 466, 467
194	468, 469, 470D, 471
195	472G, 473, 474G, 475
196	476, 477G, 478, 479
197	480D, 481, 482D, 483D
198	484G
199	485, 486, 487, 488G
200	489G, 490, 491D, 492
201	493, 494, 495, 496
202	497G
203	498G
204	499G
205	500
206	501
207	502G
208	503G
209	504G, 505, 506, 507
210	508, 509, 510, 511
211	512, 513, 514, 515
212	516, 517, 518, 519
213	520, 521, 522, 523
214	524G, 525, 526, 527
215	528G
216	529
217	530
218	531G
219	532G, 533
220	534, 535, 536
221	537, 538, 539, 540, 541
222	542, 543
223	544, 545

224	546G, 547
225	548D
226	549, 550
227	551, 552
228	553, 554, 555
229	556, 557, 558, 559
230	560, 561, 562, 563
231	564, 565, 566, 567
232	568, 569G, 570, 571
233	572, 573
234	574G
235	575G, 576G
236	577G
237	578
238	579G
239	580
240	581
241	582D, 583G
242	584G
243	585G
244	586G
245	587G, 588
246	589, 590
247	591D
248	592G
249	593G
250	594G
251	595
252	596G
253	597G
254	598, 599, 600, 601
255	602, 603, 604, 605D
256	606G, 607, 608, 609D, 610
257	611G, 612D, 613D, 614D
258	615, 616D, 617, 618, 619
259	620, 621, 622
260	623, 624
261	625G
262	626, 627
263	628, 629
264	630, 631
265	632G, 633G
266	634, 635
267	636, 637
268	638G
269	639, 640
270	641G
271	642G
272	643G
273	644G, 645G, 646
274	647, 648D, 649
275	650, 651D, 652D
276	653, 654, 655D
277	656G
278	657
279	658G
280	659G
281	660G, 661
282	662D, 663G, 664G, 665D
283	666, 667, 668
284	669G, 670, 671G
285	672G
286	673G
287	674
288	675
289	676G, 677
290	678G, 679
291	680G, 681, 682D
292	683D, 684D, 685, 686
293	687G
294	688D
295	689
296	690G
297	691G
298	692D, 693
299	694D, 695
300	696, 697
301	698D, 699
302	700G
303	701
304	702
305	703D, 704D, 705
306	706D, 707
307	708G
308	709G
309	710D
310	711G
311	712G
312	713D
313	714G
314	715G
315	716D
316	717G
317	718D
318	719G, 720
319	721G
320	722G
321	723G, 724G, 725G
322	726G, 727
323	728, 729
324	730G
325	731D
326	732G
327	733G, 734
328	735, 736G, 737
329	738, 739, 740
330	741
331	742G
332	743G
333	744G
334	745G
335	746D
336	747G
337	748G
338	749G
339	750G, 751G
340	752G
341	753G
342	754G
343	755D, 756D
344	757G
345	758G
346	759G
347	760G, 761D
348	762D, 763D
349	764G
350	765D
351	766D
352	767G
353	768G
354	769D
355	770G, 771D
356	772, 773, 774
357	775
358	776G
359	777D
360	778G
361	779G
362	780G
363	781G
364	782G, 783
365	784G
366	785G
367	786G
368	787G
369	788
370	789G
371	790
372	791G
373	792G
374	793G
375	794G
376	795G
377	796
378	797G
379	798G
380	799, 800
381	801G
382	802G
383	803
384	804G
385	805D
386	806G
387	807G
388	808G
389	809, 810
390	811G
391	812G
392	813G
393	814G
394	815
395	816G
396	817G
397	818
398	819G
399	820G
400	821G
401	822G
402	823G
403	824G
404	825G
405	826D
406	827G
407	828G, 829, 830, 831G
408	832, 833, 834, 835G
409	836, 837, 838, 839
410	840G, 841G, 842G, 843G
411	844, 845, 846
412	847, 848, 849
413	850
414	851G
415	852
416	853G
417	854G
418	855
419	856G
420	857G
421	858G
422	859G
423	860G
424	861G
425	862G
426	863G
427	864G
428	865G
429	866G
430	867G
431	868D, 869
432	870G, 871
433	872, 873
434	874, 875
435	876G
436	877G
437	878G
438	879G
439	880G
440	881G
441	882G
442	883G
443	884G
444	885, 886
445	887
446	888, 889
447	890G
448	891G
449	892G
450	893G
451	894D
452	895
453	896G
454	897G
455	898G
456	899G
457	900
458	901
459	902, 903, 904
460	905G, 906
461	907, 908
462	909
463	910G, 911, 912
464	913G, 914, 915
465	916, 917
466	918G
4 7	919
468	920G
469	921G
470	922, 923, 924
471	925, 926G, 927
472	928, 929, 930
473	931G, 932, 933G
474	934G
475	935
476	936G
477	937G
478	938
479	939
480	940G
481	941
482	942, 943D
483	944D, 945, 946
484	947G, 948, 949
485	950G, 951G
486	952, 953, 954G
487	955, 956, 957G
488	958, 959, 960
489	961, 962, 963
490	964G
491	965G
492	966G
493	967G
494	968G
495	969
496	970G
497	971G
498	972G
499	973G
500	974, 975, 976
501	977, 978, 979G, 980
502	981G
503	982G
504	983, 984D, 985
505	986G, 987
506	988G, 989
507	990G
508	991G, 992G
509	993G, 994G, 995G
510	996G, 997
511	998
512	999G
513	1000G
514	1001
515	1002
516	1003G
517	1004G
518	1005
519	1006
520	1007
521	1008G
522	1009G
523	1010G
524	1011G
525	1012G
526	1013G
527	1014
528	1015D
529	1016D
530	1017G
531	1018
532	1019G
533	1020
534	1021G
535	1022
536	1023G
537	1024G
538	1025
539	1026
540	1027G
541	1028
542	1029G
543	1030G
544	1031
545	1032G
546	1033G
547	1034D
548	1035D

EXPLICATION DES ABRÉVIATIONS.

Alexandrie.	ΑλΕ, ΑλΕξ.
Antioche de Syrie, Theoupolis.	ANT, THEVP, THEV, TVΠ.
Carthage.	CAR, KAR, KART.
Heraclée?	H.
Catane.	CAT.
Damas.	ΔAMACKOC.
Tibériade.	TIBERIAΔOC.
Constantinople.	CON, CONS, CONST, KON.
Chypre.	KVΠR.
Constantia, en Chypre.	KωN.
Cysique.	CYZ, KYZ.
Kherson.	XEP, St-EUGÈNE.
Milan.	MDPS.
Marseille.	MA.
Nicomédie.	NIC, NIKO.
Nicée.	St-DEMETRIUS.
Ravenne.	RA, RAV, RAVENNA.
Rome.	ROM, ROMA.
Thessalonique.	TES, ΘEC.
Vienne.	VIENNA.
Sicile, autre atelier que celui de Catane.	SCL^{s}, SCL.

Les numéros relatés à la suite de chaque lot, se rapportent à ceux du catalogue descriptif.

Module ordinaire.	m. ord.
Grand module.	g. mod.
Moyen module.	m. mod.
Petit module.	p. mod.
Conservation.	cons.

COLLECTION SOLEIROL.

CATALOGUE INDICATIF

DE LA

SUITE BYZANTINE.

ANASTASIUS I (Flavius).

NUMÉROS DES LOTS.

1. Or, m. ord. N° 1, conob, très-belle cons.
2. Or, quinaire. N° 2, comob, superbe cons.
3. Or, quinaire. N° 3, comob, belle cons.
4. Or, quinaire. N° 4, conob, très-belle cons.
5. Or, quinaire. N° 5, conob, belle cons.
6. Or pâle, quinaire. N° 6, cohob, bonne cons.
7. Argent, m. ord. N° 7, conob, passable cons.
8. Argent, quinaire. N. 8, coho, passable cons.
9. Cuivre, g. mod. N° 9, con, bonne cons. N° 10, con, bonne cons.
10. Cuivre, g. mod. N° 11, con, bonne cons. N° 12, con, passable cons.
11. Cuivre, g. mod. N° 13, con, bonne cons. N° 14, con, mauvaise cons. N° 15, con, mauvaise cons.
12. Cuivre, g. mod. N° 16, con, mauvaise cons. N° 17, con, passable cons. N° 18, bonne cons.

13. Cuivre, m. mod. N° 19, médiocre cons. N° 20, passable cons. N° 21, passable cons.
14. Cuivre, m. mod. N° 22, passable cons. N° 23, médiocre cons. N° 24, NIC, passable cons.
15. Cuivre, m. mod. N° 25, NIC, passable cons. N° 26, bonne cons. N° 27, mauvaise cons. N° 28, CON-CORD, passable cons.
16. Cuivre, p. mod. N° 29, CON, CORD, mauvaise cons. N° 30, quinaire, mauvaise cons. N° 31, quinaire, mauvaise cons.

JUSTINUS I (FLAVIUS ANICIUS) seul.

17. Or, m. ord. N° 32, CONOB, très-belle cons.
18. Or, quinaire. N° 33, CONOB, très-belle cons.
19. Or, quinaire. N° 34, CONOB, bonne cons.
20. Or, quinaire. N° 35, CONOB, très-belle cons.
21. Argent, quinaire. N° 36, FELIX CARTA, bonne cons.
22. Argent, quinaire. N° 37, monogramme du Christ, belle cons.
23. Argent, quinaire. N° 38, CN, très-belle cons.
24. Argent, quinaire. N° 39, PKE, très-belle cons.
25. Cuivre, g. mod. N° 40, CON, bonne cons. N° 41, CON, médiocre cons.
26. Cuivre, g. mod. N° 42, CON, mauvaise cons. N° 43, CON, médiocre cons. N° 44, passable cons.
27. Cuivre, m. mod. N° 45, médiocre cons. N° 46, ANT. X, passable cons. N° 47, ...X, faible cons.
28. Cuivre, g. mod. N° 48, ANTX, mauvaise cons. N° 49, NIK. M., bonne cons. N° 50, NIK M., mauvaise cons. N° 51, KYZ, mauvaise cons. N° 52, THESS, mauvaise cons.

29. Cuivre, p. mod. N° 53, CON, mauvaise cons. N° 54, x et ANNO, mauvaise cons. N° 55, x., médiocre cons. N° 56, belle cons.
30. Cuivre, N° 57, quinaire, belle cons. N° 58, quinaire, monogramme du Christ, médiocre cons. N° 59, quinaire, monogramme du Christ, médiocre cons. N° 60, quinaire, médiocre cons.
31. Cuivre. N° 61, quinaire, v, belle cons. N° 62, quinaire, v, très-médiocre cons. N° 63, quinaire, monogramme, bonne cons. N° 64, Euphemia, quinaire, passable cons.

JUSTINUS I ET JUSTINIANUS I.

32. Or, m. ord. N° 65, les deux empereurs sur un canapé, superbe cons.
33. Cuivre, g. mod. N° 66, CON, passable cons.

JUSTINIANUS I (FLAVIUS ANICIUS).

34. Or, m. ord. N° 67, CONOB, superbe cons.
35. Or, quinaire. N° 68, CONOB, superbe cons.
36. Or, quinaire. N° 69, CONOB, superbe cons.
37. Or, quinaire. N° 70, CONOB, bonne cons.
38. Or, quinaire. N° 71, passable cons.
39. Or pâle, quinaire. N° 72, mauvaise cons.
40. Argent, m. ord. N° 73, CONO, passable cons.
41. Argent, quinaire. N° 74, CN, très-bonne cons.
42. Argent, quinaire. N° 75, très-bonne cons.
43. Argent, quinaire. N° 76, VOT. MVLT. HTI; CONOS, belle cons.
44. Argent, quinaire. N° 77, monogramme du Christ, belle cons.

45. Argent, quinaire. N° 78, P. K., bonne cons.
46. Argent, quinaire. N° 79, P. K. E., bonne cons.
47. Cuivre, g. mod. N° 80, CON, belle cons. N° 81, CON, belle cons. N° 82, CON, bonne cons. N° 83, CON, passable cons.
48. Cuivre, g. mod. N° 84, CON, bonne cons. N° 85, CON, belle cons. N° 86, CON, bonne cons. N° 87, CON, bonne cons.
49. Cuivre, g. mod. N° 88, CON, passable cons. N° 89, CON, passable cons. N° 90, CON, médiocre cons. N° 91, CON., mauvaise cons.
50. Cuivre, g. mod. N° 92, CON, médiocre cons. N° 93, CON, mauvaise cons. N° 94, CON, mauvaise cons. N° 95, ...N. avec une surfrappe, médiocre cons.
51. Cuivre, g. mod. N° 96, CON, passable cons. N° 97, CON, mauvaise cons. N° 98, CON, médiocre cons. N° 99, CON, passable cons.
52. Cuivre, g. mod. N° 100, ...N., mauvaise cons. N° 101, CON, passable cons. N° 102, CON, médiocre cons. N° 103, CON, mauvaise cons.
53. Cuivre, g. mod. N° 104, KYZ, bonne cons. N° 105, KYZ, bonne cons.
54. Cuivre, g. mod. N° 106, KYZ, médiocre cons. N° 107, KYZ, mauvaise cons. N° 108, KYZ, médiocre cons.
55. Cuivre, g. mod. N° 109, KYZ, bonne cons. N° 110, KYZ, mauvaise cons.
56. Cuivre, g. mod. N° 111, CAR, bonne cons.
57. Cuivre, m. mod. N° 112, KART, passable cons. N° 113, KAR, médiocre cons.
58. Cuivre, m. mod. N° 114, KA..., bonne cons. N° 115, ...ART, mauvaise cons.

59. Cuivre, m. mod. N° 116, ROMA, superbe cons. N° 117, ROMA, très-belle cons.
60. Cuivre, m. mod. N° 118, ROMA, superbe cons. N° 119, ROMA, médiocre cons.
61. Cuivre, g. mod. N° 120, NIKO, passable cons. N° 121, NIKO, bonne cons.
62. Cuivre, g. mod. N° 122, NIK, médiocre cons. N° 123, NIK, passable cons.
63. Cuivre, g. mod. N° 124, NIKO, mauvaise cons. N° 125, NIKO, mauvaise cons.
64. Cuivre, g. mod. N° 126, NIKM, médiocre cons. N° 127, NIKM, mauvaise cons.
65. Cuivre, g. mod. N° 128, NIKO, médiocre cons. N° 129, NIKO, médiocre cons. N° 130, NIC, très-mauvaise cons.
66. Cuivre, g. mod. N° 131, THUO, médiocre cons. N° 132, THUO, bonne cons.
67. Cuivre, g. mod. N° 133, THEUP, passable cons. N° 134, THU..., mauvaise cons. N° 135, THUP, mauvaise cons. N° 136, ΘΥΠΟΛ, mauvaise cons.
68. Cuivre, g. mod. N° 137, THEUP, bonne cons.
69. Cuivre, g. mod. N° 138, THEUP, mauvaise cons. N° 139, THEUP, bonne cons.
70. Cuivre, g. mod. N° 140, THEUP, belle cons.
71. Cuivre, g. mod. N° 141, RAVENNA, bonne cons.
72. Cuivre, m. mod. N° 142, assez bonne cons. N° 143, mauvaise cons. N° 144, CON, passable cons.
73. Cuivre, m. mod. N° 145, mauvaise cons. N° 146, mauvaise cons. N° 147, passable cons. N° 148, KAR, médiocre cons.
74. Cuivre, m. mod. N° 149, KA, très-mauvaise

cons. N° 150, passable cons. N° 151, belle cons.

75. Cuivre, m. mod. N° 152, bonne cons. N° 153, NC, mauvaise cons. N° 154, NI, mauvaise cons. N° 155, NI, mauvaise cons.

76. Cuivre, m. mod. N° 156, NI, mauvaise cons. N° 157, NI, mauvaise cons. N° 158, ΘY, passable cons. N° 159, O. ΓY, mauvaise cons. N° 160, O. ΓY, mauvaise cons.

77. Cuivre, m. mod. N° 161, mauvaise cons. N° 162, XXXI, bonne cons. N° 163, R, médiocre cons.

78. Cuivre, m. mod. N° 164, SP. TES, bonne cons. N° 165, A. SP, médiocre cons.

79. Cuivre, m. mod. N° 166, A. SP. TES., passable cons. N° 167, A. SP....ES, mauvaise cons. N° 168, CON, mauvaise cons.

80. Cuivre, m. mod. N° 169, XX.... UP, mauvaise cons. N° 170, THUP, médiocre cons. N° 171, ...HUP, mauvaise cons. N° 172, CAR, passable cons.

81. Cuivre, m. mod. N° 173, X, passable cons. N° 174, CON, passable cons. N° 175, bonne cons. N° 176, mauvaise cons.

82. Cuivre, m. mod. N° 177, passable cons. N° 178, monogramme, passable cons.

83. Cuivre, p. mod. N° 179, passable cons. N° 180, Δ, mauvaise cons. N° 181, passable cons. N° 182, médiocre cons. N° 183, CON, mauvaise cons.

84. Cuivre, p. mod. N° 184, CON, médiocre cons. N° 185, CON, très-mauvaise cons. N° 186, ΑΛΕΞ, médiocre cons. N° 187, ΑΛΕΞ, bonne cons.

85. Cuivre, p. mod. N° 188, ΑΛΕξ, médiocre cons. N° 189, CAR, mauvaise cons. N° 190, CAR, médiocre cons. N° 191, CAR, mauvaise cons.

86. Cuivre, p. mod. N° 192, monogramme, passable cons. N° 193, CAR, belle cons.

87. Cuivre, p. mod. N° 194, COR, médiocre cons. N° 195, COR, médiocre cons.

88. Cuivre, p. mod. N° 196, COR, médiocre cons. N° 197, KYZ, médiocre cons. N° 198, KYZ, passable cons.

89. Cuivre, p. mod. N° 199, KYZ, mauvaise cons. N° 200, NIK, bonne cons. N° 201, NIK, très-mauvaise cons. N° 202, NI, très-mauvaise cons.

90. Cuivre, p. mod. N° 203, ROMA, bonne cons. N° 204, mauvaise cons. N° 205, A. P., bonne cons. N° 206, monogramme A. P., mauvaise cons. N° 207, XXVI, mauvaise cons.

91. Cuivre, p. mod. N° 208, XXXVI, passable cons. N° 209, XXXVII, mauvaise cons. N° 210, XXX, mauvaise cons. N° 211, mauvaise cons. N° 212, médiocre cons. N° 213, mauvaise cons.

92. Cuivre, p. mod. N° 214, mauvaise cons. N° 215, L, mauvaise cons. N° 216, passable cons. N° 217, quinaire C. O. Г., mauvaise cons. N° 218, quinaire, mauvaise cons.

93. Cuivre, p. mod. N° 219, médiocre cons. N° 220, V, belle cons. N° 221, V, passable cons. N° 222, mauvaise cons. N° 223, X, bonne cons.

94. Cuivre, p. mod. N° 224, monogramme du Christ Δ, mauvaise cons. N° 225, S, mau-

vaise cons. N° 226, s. très-mauvaise cons. N° 227, E. K., bonne cons. N° 228, E. B., passable cons.

95. Cuivre, p. mod. N° 229, E. B., mauvaise cons. N° 230, E. Γ., bonne cons. N° 231, E. N., bonne cons. N° 232, bonne cons.

JUSTINUS II (Flavius Anicius) seul.

96. Or, m. ord. N° 233, CONOB, superbe cons.
97. Or, m. ord. N° 234, CONOB, passable cons.
98. Or pâle, m. ord. N° 235, CONOB, passable cons.
99. Argent, m. ord. N° 236, FELIX RESPVBL, bonne cons.
100. Cuivre, p. mod. N° 237, TI. NI., médiocre cons. N° 238, bonne cons. N° 239, YECN, mauvaise cons.

JUSTINUS II ET SOPHIA.

101. Argent, p. mod. N° 240, passable cons.
102. Cuivre, g. mod. N° 241. CON, passable cons. N° 242, CON, médiocre cons.
103. Cuivre, g. mod. N° 243, CON, mauvaise cons. N° 244, CON, mauvaise cons. N° 245, CON, passable cons. N° 246, CON, mauvaise cons.
104. Cuivre, g. mod. N° 247, CON, passable cons. N° 248, CON, mauvaise cons. N° 249, CON, médiocre cons. N° 250, CON, mauvaise cons.
105. Cuivre, g. mod. N° 251, CON, passable cons. N° 252, CON, mauvaise cons. N° 253, CON, mauvaise cons. N° 254, CON, médiocre cons.
106. Cuivre. g. mod. N° 255, KYZ, bonne cons. N° 256, KYZ, bonne cons. N° 257, KYZ, passable cons.

107. Cuivre, g. mod. N° 258, KYZ, passable cons. N° 259, KYZ, bonne cons. N° 260, NIKO, passable cons.

108. Cuivre, g. mod. N° 261, NIKO, mauvaise cons. N° 262, NIKO, mauvaise cons. N° 263, NIKO, médiocre cons.

109. Cuivre, g. mod. N° 264, NIKO, mauvaise cons. N° 265, NIKO, mauvaise cons. N° 266, NIKO, bonne cons.

110. Cuivre, g. mod. N° 267, NIKO, passable cons. N° 268, NIKO, mauvaise cons. N° 269, NIKO, mauvaise cons.

111. Cuivre, g. mod. N° 270, THEUP', bonne cons.

112. Cuivre, g. mod. N° 271, THEUP, médiocre cons.

113. Cuivre, g. mod. N° 272, ...HEUP, mauvaise cons. N° 273, THEU... mauvaise cons.

114. Cuivre, m. mod. N° 274, KYZ, bonne cons. N° 275, KYZ, bonne cons. N° 276, NI, mauvaise cons.

115. Cuivre, m. mod. N° 277, TES, bonne cons. N° 278, TES, mauvaise cons. N° 279, TES, médiocre cons. N° 280, TES, mauvaise cons.

116. Cuivre, m. mod. N° 281, TES, mauvaise cons. N° 282, TES, passable cons. N° 283, TES, mauvaise cons. N° 284, TES, mauvaise cons.

117. Cuivre, m. mod. N° 285, E, mauvaise cons. N° 286, B, mauvaise cons. N° 287, B, mauvaise cons. N° 288, mauvaise cons. N° 289, Δ, mauvaise cons. N° 290, ROMA, bonne cons.

118. Cuivre, m. mod. N° 291, KAR, médiocre cons.

119. Cuivre, m. mod. N° 292, KAR, mauvaise cons.

120. Cuivre, m. mod. N° 293, NM, bonne cons.

121. Cuivre, m. mod. N° 294, KAR, passable cons.

122. Cuivre, m. mod. N° 295, monogramme NM, passable cons.
123. Cuivre, m. mod. N° 296, mauvaise cons.
124. Cuivre, m. mod. N° 297, NM, médiocre cons.
125. Cuivre, p. mod. N° 298, NM, passable cons. N° 299, THEUP, bonne cons.
126. Cuivre, p. mod. N° 300, THEUP, mauvaise cons. N° 301, quinaire, mauvaise cons.

TIBERIUS II (Flavius Anicius Constantinus).

127. Or, m. ord. N° 302, CONOB, très-belle cons.
128. Or, quinaire. N° 303, CONOB, très-belle cons.
129. Or, quinaire. N° 304, CONOB, bonne cons.
130. Cuivre, g. mod. N° 305, CONB, belle cons. N° 306, CON, mauvaise cons. N° 307, CON, mauvaise cons.
131. Cuivre, g. mod. N° 308, CON.Λ., mauvaise cons. N° 309, CON.Γ., médiocre cons. N° 310, THEUP', bonne cons. N° 311, THEUP', passable cons.
132. Cuivre, g. mod. N° 312, THEUP', belle cons. N° 313, THEUP, médiocre cons. N° 314, THEUP', passable cons. N° 315, THEUP', mauvaise cons.
133. Cuivre, g. mod. N° 316, NIKO, bonne cons. N° 317, NIKO, mauvaise cons.
134. Cuivre, m. mod. N° 318, NIKO, mauvaise cons. N° 319, X, mauvaise cons. N° 320, ROM, passable cons. N° 321, X, médiocre cons.
135. Cuivre, p. mod. N° 322, X, médiocre cons. N° 323, X, mauvaise cons. N° 324, X, mauvaise cons. N° 325, ΑΛΕξ, passable cons.
136. Cuivre, p. mod. N° 326, ΑΛΒξ, bonne cons.

N° 327, R, mauvaise cons. N° 328, bonne cons. N° 329, U, passable cons.

TIBERIUS II ET ANASTASIA.

137. Cuivre, m. mod. N° 330, TES, passable cons.
138. Cuivre, m. mod. N° 331, TES, mauvaise cons.

MAURICIUS (Flavius Tiberius).

139. Or, m. ord. N° 332, CONOB, belle cons.
140. Or, m. ord. N° 333, belle cons.
141. Or, quinaire. N° 334, CONOB, superbe cons.
142. Or, quinaire. N° 335, CON, belle cons.
143. Or, quinaire. N° 336, CONOB, belle cons.
144. Argent, quinaire. N° 337, A, bonne cons.
145. Cuivre, g. mod. N° 338, CON, très-belle cons. N° 339, CON, mauvaise cons. N° 340, CON, mauvaise cons. N° 341, CON, mauvaise cons.
146. Cuivre, g. mod. N° 342, CON, médiocre cons. N° 343, CON, mauvaise cons. N° 344, CON, bonne cons. N° 345, CON, mauvaise cons.
147. Cuivre, g. mod. N° 346, KYZ, mauvaise cons. N° 347, KYZ, bonne cons. N° 348, THEUP, passable cons. N° 349, THEUP', passable cons.
148. Cuivre, g. mod. N° 350, THEUP', mauvaise cons. N° 351, THEUP', mauvaise cons. N° 352, TH..UP', mauvaise cons. N° 353, C..., mauvaise cons.
149. Cuivre, g. mod. N° 354, RAVEN, passable cons.
150. Cuivre, m. mod. N° 355, CON, mauvaise cons. N° 356, KMN, mauvaise cons. N° 357, CON, très-mauvaise cons. N° 358, mauvaise cons. N° 359, Λ, mauvaise cons. N. 360, Γ, passable cons.

151. Cuivre, m. mod. N° 361, mauvaise cons. N° 362, mauvaise cons. N° 363, bonne cons. N° 364, Λ, passable cons. N° 365, Λ, passable cons. N° 366, Γ, médiocre cons. N° 367, B, mauvaise cons.

152. Cuivre, m. mod. N° 368, NXXM, médiocre cons.

153. Cuivre, m. mod. N° 369, INDIII, médiocre cons. N° 370, N, M, XX, médiocre cons. N° 371, ROM, mauvaise cons.

154. Cuivre, m. mod. N° 372, ROM, passable cons. N° 373, ROM, médiocre cons. N° 374, Λ, très-mauvaise cons. N° 375, TE, médiocre cons. N° 376, VENN, passable cons.

155. Cuivre, p. mod. N° 377, CON, assez bonne cons. N° 378, CON, médiocre cons. N° 379, CON, passable cons. N° 380, CON, médiocre cons. N° 381, THEUP', mauvaise cons. N° 382, THEUP, médiocre cons.

156. Cuivre, p. mod. N° 383, THEUP, mauvaise cons. N° 384, THEUP, passable cons. N° 385, THEUP, bonne cons. N° 386, THEUP, très-mauvaise cons. N° 387, médiocre cons. N° 388, R, S, A, bonne cons.

157. Cuivre, p. mod. N° 389, RAVEN, passable cons. N° 390, N, M, passable cons. N° 391, INΔS, X, mauvaise cons. N° 392, INΔS, X, mauvaise cons.

158. Cuivre, p. mod. N° 393, N, M, X, bonne cons. N° 394, IND, III, bonne cons. N° 395, A, mauvaise cons. N° 396, KAT, médiocre cons.

159. Cuivre, p. mod. N° 397, CAT, médiocre cons. N° 398, CAT, passable cons. N° 399, CAT, passable cons. N° 400, CAT, passable cons. N° 401, CAT, mauvaise cons.

160. Cuivre, p. mod. N° 402, CAT, passable cons. N° 403, CAT, médiocre cons. N° 404, CAT, médiocre cons. N° 405, CAT, médiocre cons. N° 406, CAT, bonne cons.

161. Cuivre, p. mod. N° 407, ΑΛΕξ, passable cons. N° 408, médiocre cons. N° 409, bonne cons. N° 410, monogramme du Christ, bonne cons. N° 411, X, bonne cons. N° 412, passable cons.

MAURICIUS, CONSTANTINA ET THEODOSIUS.

162. Cuivre, g. mod. N° 413, surfrappe d'Héraclius, monogramme du Christ, bonne cons.

163. Cuivre, g. mod. N° 414, trois personnages nimbés, bonne cons.

164. Cuivre, m. mod. N° 415, monogramme du Christ, Δ, médiocre cons.

FOCAS (FLAVIUS).

165. Or, m. ord. N° 416, CONOB, belle cons.

166. Or, quinaire. N° 417, CONOB, superbe cons.

167. Or, quinaire. N° 418, CONOB, bonne cons.

168. Argent, quinaire. N° 419, TORA, bonne cons.

169. Cuivre, g. mod. N° 420, CON. A, mauvaise cons. N° 421, CON. Γ, mauvaise cons. N° 422, CON. Γ, mauvaise cons. N° 423, CON.., très-mauvaise cons.

170. Cuivre, g. mod. N° 424, TES, bonne cons. N° 425, NIKO. B, mauvaise cons. N° 426, NIKO. B, mauvaise cons. N° 427, NIKO, mauvaise cons.

171. Cuivre, g. mod. N° 428, KYZ. A, bonne cons.

N° 429, KYZ. B, bonne cons. N° 430, KRT, passable cons.

172. Cuivre, g. mod. N° 431, RAV, bonne cons.

173. Cuivre, m. mod. N° 432, NK, o', mauvaise cons. N° 433, NIKO. A, médiocre cons. N° 434, KYZ. A, mauvaise cons. N° 435, KYZ. A, mauvaise cons.

174. Cuivre, m. mod. N° 436, KYZ, A, bonne cons. N° 437, KRTG, belle cons. N° 438, F. O. C. A. XX, bonne cons.

175. Cuivre, quinaire. N° 439, FO. CA, médiocre cons. N° 440, N. M, belle cons. N° 441, ROM, bonne cons.

176. Cuivre, quinaire. N° 442, X, mauvaise cons. N° 443, CAT, passable cons. N° 444, X, très-belle cons.

177. Cuivre, quinaire. N° 445, X, médiocre cons. N° 446, X, bonne cons. N° 447, X, bonne cons.

FOCAS ET LEONTIA.

178. Cuivre, g. mod. N° 448, CON. E, passable cons.

179. Cuivre, g. mod. N° 449, CON. A, bonne cons.

180. Cuivre, g. mod. N° 450, KYZ, passable cons.

181. Cuivre, g. mod. N° 451, THEUP', belle cons.

182. Cuivre, m. mod. N° 452, XX, médiocre cons. N° 453, X, bonne cons. N° 454, X, bonne cons.

HERACLIUS (PRÉFET D'AFRIQUE).

183. Cuivre, m. mod. N° 455, KRTG, médiocre cons.

184. Cuivre, m. mod. N° 456, X, N, M, passable cons.

185. Cuivre, quinaire. N° 457, v, belle cons.

HERACLIUS I (Flavius).

186. Or, m. ord. N° 458, conob, très-belle cons.
187. Or, m. ord. N° 459, conob, bonne cons.
188. Or, quinaire. N° 460, conob, très-belle cons.
189. Or, quinaire, N° 461, conob, très-bonne cons.
190. Argent, quinaire, N° 462, r. m., bonne cons.
191. Argent, quinaire, N° 463, bonne cons.
192. Argent, quinaire, N° 464, bonne cons.
193. Cuivre, g. mod. N° 465, con, mauvaise cons. N° 466, con, mauvaise cons. N° 467, con, passable cons.
194. Cuivre, g. mod. N° 468, con, mauvaise cons. N° 469, con, mauvaise cons. N° 470, kyz, passable cons. N° 471, kyz, mauvaise cons.
195. Cuivre, g. mod. N° 472, kyz, belle cons. N° 473, niko, mauvaise cons. N° 474, scls, bonne cons. N° 475, na. no. s. iii. mauvaise cons.
196. Cuivre, g. mod. N° 476, siic, mauvaise cons. N° 477, xi, mauvais cons. N° 478, onou, médiocre cons. N° 479, monogramme en surfrappe.
197. Cuivre, m. mod. N° 480. o....neo....a,... mauvaise cons. N° 481, ana....neo, médiocre cons. N° 482, ...na....neo.siic, passable cons. N° 483, neo...eiic, passable cons.
198. Cuivre, m. mod. N° 484, crtg, bonne cons.
199. Cuivre, m. mod. N° 485, crtg, mauvaise cons. N° 486, crtg, médiocre cons. N° 487, tai, mauvaise cons. N° 488, krtg, bonne cons.
200. Cuivre, p. mod. N° 489, krtg, passable cons.

N° 490, KRTG, passable cons. N° 491, AΔEξ, mauvaise cons. N° 492, I. B. AA, médiocre cons.

201. Cuivre, quinaire. N° 493, AΔEξ, mauvaise cons. N° 494, CAT, passable cons. N° 495, CAT, bonne cons. N° 496, CAT, mauvaise cons.

HERACLIUS, EUDOCIA ET HERACLIUS-CONSTANTIN.

202. Argent, quinaire. N° 497, très-belle cons.

HERACLIUS ET SON FILS HERACLIUS-CONSTANTIN.

203. Or, m. ord. N° 498, CONOB, très-belle cons.
204. Or, m. ord. N° 499, CONOB, très-belle cons.
205. Or, m. ord. N° 500, CONOB, très-belle cons.
206. Or, quinaire, N° 501, CONOB, flan épais, belle cons.
207. Or, quinaire. N° 502, CONOB, flan épais, très-belle cons.
208. Argent, m. mod. N° 503, K, belle cons.
209. Cuivre, g. mod. N° 504, CON, médiocre cons. N° 505, CON, médiocre cons. N° 506, CON, médiocre cons. N° 507, CON, mauvaise cons.
210. Cuivre, g. mod. N° 508, ...ON, mauvaise cons. N° 509, CON, médiocre cons. N° 510, ...ON, mauvaise cons. N° 511, CO... mauvaise cons.
211. Cuivre, g. mod. N° 512, CON, mauvaise cons. N° 513, CO..., mauvaise cons. N° 514, C...., mauvaise cons. N° 515, CON, belle cons.
212. Cuivre, g. mod. N° 516, CON, mauvaise cons.

N° 517, mauvaise cons. N° 518, CON, mauvaise cons. N° 519, mauvaise cons.

213. Cuivre, g. mod. N° 520, CON, mauvaise cons. N° 521, CON, médiocre cons. N° 522, CON, mauvaise cons. N° 523, CON, médiocre cons.

214. Cuivre, m. mod. N° 524, CON, passable cons. N° 525, médiocre cons. N° 526, K, mauvaise cons. N° 527, NIKO, mauvaise cons.

215. Cuivre, m. mod. N° 528, ΘES, bonne cons.

216. Cuivre, m. mod. N° 529, Θ...., mauvaise cons.

217 Cuivre, m. mod. N° 530, ΘES, passable cons.

218. Cuivre, m. mod. N° 531, SCI, bonne cons.

219. Cuivre, m. mod. N° 532, SC, bonne cons. N° 533, monogramme, très-mauvaise cons.

220. Cuivre, m. mod. N° 534, SC, très-mauvaise cons. N° 535, SC, très-mauvaise cons. N° 536, mauvaise cons. N° 537, Δ, bonne cons.

221. Cuivre, m. mod. N° 538, médiocre cons. N° 539, Γ, très-mauvaise cons. N° 540, Δ, passable cons. N° 541, mauvaise cons.

222. Cuivre, p. mod. N° 542, CAT, passable cons. N° 543, CAT, mauvaise cons.

223. Cuivre, p. mod. N° 544, CAT, passable cons. N° 545, CAT, mauvaise cons.

224. Cuivre, p. mod. N° 546, ROM, bonne cons. N° 547, ROM, passable cons.

225. Cuivre, p. mod. N° 548, RAV, bonne cons.

226. Cuivre, p. mod. N° 549, médiocre cons. N° 550, ΑΛΕξ, bonne cons.

227. Cuivre, p. mod. N° 551, ΑΛΕξ, médiocre cons. N° 552, ΑΛΕξ, médiocre cons.

228. Cuivre, p. mod. N° 553, ΛΛΕΞ, médiocre cons. N° 554, ΛΛΕΞ, bonne cons. N° 555, ...ΕΞ, passable cons.

HERACLIUS AVEC MARTINE SEULE,

OU

AVEC MARTINE ET HERACLIUS-CONSTANTIN.

229. Cuivre, m. mod. N° 556, CON, passable cons. N° 557, CON, médiocre cons. N° 558, médiocre cons. N° 559, CON, bonne cons.
230. Cuivre, m. mod. N° 560, CON, médiocre cons. N° 561, CON, mauvaise cons. N° 562, CON, mauvaise cons. N° 563, CON, mauvaise cons.
231. Cuivre, m. mod. N° 564, CON, mauvaise cons. N° 565, CON, mauvaise cons. N° 566, CON, passable cons. N° 567, CON, passable cons.
232. Cuivre, m. mod. N° 568, mauvaise cons. N° 569, mauvaise cons. N° 570, NIKO, mauvaise cons. N° 571, NIKO, mauvaise cons.
233. Cuivre, m. mod. N° 572, NIKO, mauvaise cons. N° 573, ΘEC. mauvaise cons.
234. Cuivre, m. mod. N° 574, RAV, bonne cons.
235. Cuivre, m. mod. N° 575, KVΠP, médiocre cons. N° 576, KVΠP, passable cons.

HERACLIUS I, HERACLIUS II,
CONSTANTINUS ET HERACLEONAS.

236. Or, m. ord. N° 577, CON, superbe cons.
237. Argent, m. mod. N° 578, très-bonne cons.
238. Cuivre. m. mod. N° 579, RAV, passable cons.
239. Cuivre, m. mod. N° 580, RAV, médiocre cons.

240. Cuivre, m. mod. N° 581, RAV, bonne cons.
241. Cuivre, m. mod. N° 582, AAEℨ, bonne cons.
N° 583, CONO, passable cons.

HERACLIUS II,
CONSTANTINUS ET SON FRÈRE HERACLEONAS.

242. Argent, p. mod. N° 584, belle cons.
243. Cuivre, p. mod. N° 585, ROM, très-belle cons.

HERACLEONAS SEUL.

244. Cuivre, p. mod. N° 586, X, bonne cons.

HERACLEONAS,
DAVID-TIBERIUS III ET CONSTANT II.

245. Cuivre, p. mod. N° 587, ROM, passable cons.
N° 588, ROM, passable cons.
246. Cuivre, p. mod. N° 589, ROM, bonne cons.
N° 590, ROM, passable cons.

CONSTANT II SEUL.

247. Or, m. ord. N° 591, CONOB. K, superbe cons.
248. Or, quinaire. N° 592, CONOB, bonne cons.
249. Argent, m. ord. N° 593, bonne cons.
250. Argent, m. ord. N° 594, médiocre cons.
251. Argent, quinaire. N° 595, très-belle cons. Elle est écornée.
252. Argent, quinaire. N° 596, très-bonne cons.
253. Argent, quinaire. N° 597, très-belle cons.
254. Cuivre, m. mod. N° 598, ...ARTG, mauvaise

cons. N° 599, ...ARTG, mauvaise cons. N° 600, CRTG, bonne cons. N° 601, CRT..., mauvaise cons.

255. Cuivre, m. mod. N° 602, CRT... belle cons. N° 603, CRTG, passable cons. N° 604, C...T, mauvaise cons. N° 605, C.T, bonne cons.

256. Cuivre, m. mod. N° 606, C.T, bonne cons. N° 607, C.T, médiocre cons. N° 608, C.T, passable cons. N° 609, V...V, bonne cons. N° 610, très-mauvaise cons.

257. Cuivre, m. mod. N° 611, mauvaise cons. N° 612, NEO, bonne cons. N° 613, SC..., médiocre cons. N° 614, monogramme, passable cons.

258. Cuivre, m. mod. N° 615, monogramme, passable cons. N° 616, passable cons. N° 617, mauvaise cons. N° 618, monogramme, mauvaise cons.

259. Cuivre, m. mod. N° 619, médiocre cons. N° 620, monogramme, médiocre cons. N° 621, monogramme, médiocre cons. N° 622, monogramme, bonne cons.

260. Cuivre, p. mod. N° 623, x, bonne cons. N° 624, monogramme, mauvaise cons.

261. Cuivre, m. mod. N° 625, RAV, très-bonne cons.

262. Cuivre, m. mod. N° 626, RAV, médiocre cons. N° 627, AΛE... bonne cons.

263. Cuivre, m. mod. N° 628, AΛEξ, bonne cons. N° 629, AΛEξ, médiocre cons.

264. Cuivre, p. mod. N° 630, ROM, bonne cons. N° 631, ROM, médiocre cons.

265. Cuivre, p. mod. N° 632, ROM, belle cons. N° 633, ROM, passable cons.

266. Cuivre, p. mod. N° 634, ROM, bonne cons. N° 635, ROM, belle cons.
267. Cuivre, p. mod. N° 636, XX.NE, passable cons. N° 637, TAN...BOΔ, passable cons.

CONSTANS II ET SON FILS CONSTANTINUS IV-POGONATUS.

268. Cuivre, m. mod. N° 638, SCL, bonne cons.
269. Cuivre, m. mod. N° 639, monogramme, SCL, médiocre cons, N° 640, ROM, passable cons.

CONSTANS II ET SES TROIS FILS, CONSTANTINUS IV-POGONATUS, HERACLIUS, TIBERIUS.

270. Or, m. ord. N° 641, CONOB, superbe cons.
271. Or, p. mod. N° 642, belle cons.
272. Argent, m. ord. N° 643, médiocre cons.
273. Cuivre, m. mod. N° 644, Θ, bonne cons. N° 645, monogramme, très-bonne cons. N° 646, monogramme, SCL, médiocre cons.
274. Cuivre, m. mod. N° 647, mauvaise cons. N° 648, ROM, médiocre cons. N° 649, monogramme, KTG, mauvaise cons.
275. Cuivre, m. mod. N° 650, monogramme, KTG, mauvaise cons. N° 651, XX, bonne cons. N° 652, XX, passable cons.
276. Cuivre, m. mod. N° 653, RAV, mauvaise cons. N° 654, X..., médiocre cons. N° 655, mauvaise cons.

CONSTANTINUS IV - POGONATUS
ET
SES DEUX FRÈRES.

277. Or, m. mod. N° 656, très-belle cons.
278. Or, p. mod. N° 657, superbe cons.
279. Argent, m. mod. N° 658, médiocre cons.
280. Argent, quinaire. N° 659, bonne cons.
281. Cuivre, g. mod. N° 660, CON, bonne cons. N° 661, ...ON, très-médiocre cons.
282. Cuivre, g. mod. N° 662, ...TG, médiocre cons. N° 663, monogramme, passable cons. N° 664, monogramme, passable cons. N° 665, monogramme, L...CL, bonne cons.
283. Cuivre, m. mod. N° 666, SCL, passable cons. N° 667, SCL, médiocre cons. N° 668, monogramme, mauvaise cons.
284. Cuivre, m. mod. N° 669, ROM, belle cons. N° 670, KT..., mauvaise cons. N° 671, monogramme, bonne cons.

CONSTANTINUS IV - POGONATUS SEUL.

285. Or, m. ord. N° 672, CONOB, très-bonne cons.
286. Or, p. mod. N° 673, q, belle cons.
287. Or, p. mod. N° 674, CONOB, très-bonne cons.
288. Or, p. mod. N° 675, CONOB, bonne cons.
289. Cuivre, m. mod. N° 676, CONOB, passable cons. N° 677, CON, passable cons.
290. Cuivre, p. mod. N° 678, ROM, bonne cons. N° 679, ROM, bonne cons.
291. Cuivre, m. mod. N 680, RAV, mauvaise cons.

N° 681, RAV, mauvaise cons. N° 682, S, très-mauvaise cons.

292. Cuivre, m. mod. N° 683, bonne cons. N° 684, mauvaise cons. N° 685, X, passable cons. N° 686, K, mauvaise cons.

JUSTINIANUS II - RHINOTMETUS (FLAVIUS) SEUL.

293. Or, m. ord. N° 687, CONOB, belle cons.
294. Or, quinaire. N° 688, CONOB, bonne cons.
295. Or, p. mod. N° 689, belle cons.
296. Argent, m. mod. N° 690, très-bonne cons.
297. Cuivre, m. mod. N° 691, PAX, très-bonne cons.
298. Cuivre, m. mod. N° 692, KΓω, bonne cons. N° 693, Δ Θ, médiocre cons.
299. Cuivre, m. mod. N° 694, PAX.ORIAGT, médiocre cons. N° 695, ...CL, très mauvaise cons.
300. Cuivre, m. mod. N° 696, mauvaise cons. N° 697, médiocre cons.
301. Cuivre, m. mod. N° 698, ΔΘ.Γω, passable cons. N° 699, ROM, bonne cons.

TIBERIUS V - ABSIMARUS.

302. Or, p. mod. N° 700, CONOB, bonne cons.
303. Or, p. mod. N° 701, Θ, belle cons.
304. Or, quinaire. N° 702, CONO, très-belle cons.
305. Cuivre, m. mod. N° 703, SCL, mauvaise cons. N° 704, SCL, passable cons. N° 705, ...CL..., très-mauvaise cons.
306. Cuivre, m. mod. N° 706, S, bonne cons. N° 707, SCL, mauvaise cons.

JUSTINIANUS II - RHINOTMETUS ET SON FILS TIBERIUS V - ABSIMARUS.

307. Or, m. ord. N° 708, très-belle cons.
308. Cuivre, m. mod. N° 709, CON, bonne cons.

FILEPICUS - BARDANES.

309. Or, m. ord. N° 710, CONOB, superbe cons.

ARTEMIUS - ANASTASIUS OU ANASTASIUS II.

310. Or, quinaire. N° 711, CONOB, belle cons.

LEO III - ISAURUS SEUL.

311. Or, m. ord. N° 712, CONOB, belle cons.
312. Or, quinaire. N° 713, ...NOB, très-belle cons.
313. Argent, quinaire. N° 714, L, très-belle cons.
314. Cuivre, m. mod. N° 715, CONOB, bonne cons.

LEO III - ISAURUS ET CONSTANTINUS V - COPRONYMUS.

315. Or, quinaire. N° 716, très-belle cons.
316. Argent, m. mod. N° 717, I.E. très-belle cons.
317. Argent, m. mod. N° 718, très-belle cons.
318. Cuivre, m. mod. N° 719, mauvaise cons. N° 720, K. ω. N. C. mauvaise cons.

CONSTANTINUS V - COPRONYMUS (FLAVIUS) SEUL.

319. Or pâle, quinaire. N° 721, CONOB, très-bonne cons.

CONSTANTINUS V (FLAVIUS) ET LEO IV-CHAZARUS.

320. Or, quinaire. N° 722, très-belle cons.
321. Cuivre, m. mod. N° 723, passable cons. N° 724, passable cons. N° 725, bonne cons.
322 Cuivre, p. mod. N° 726, M. A. X. N. passable cons. N° 727, ΛEON, passable cons.
323. Cuivre, p. mod. N° 728, ΛEO, très-mauvaise cons. N° 729, ΛEON.ΔEC, mauvaise cons.

LEO IV-CHAZARUS SEUL.

324. Or, m. ord. N° 730, CONOB. L. belle cons.

LEO IV-CHAZARUS ET SON FILS CONSTANTINUS VI.

325. Or, m. ord. N° 731, très-belle cons.
326. Or, quinaire. N° 732, passable cons.
327. Cuivre, m. mod. N° 733, X. N. passable cons. N° 734, X. N, très-mauvaise cons.
328. Cuivre, m. mod. N° 735, C. I, bonne cons. N° 736, passable cons. N° 737, passable cons.
329. Cuivre, m. mod. N° 738, passable cons. N° 739, C, mauvaise cons. N° 740, X. N, mauvaise cons.

CONSTANTINUS VI ET IRENE ATTICA RÉGENTE.

330. Or, m. ord. N° 741, trois ancêtres, très-belle cons.

331. Argent, m. mod. N° 742, passable cons.
332. Cuivre, m. mod. N° 743, x. n. médiocre cons.

NICEPHORUS I-LOGOTHETA SEUL.

333. Cuivre, m. mod. N° 744, xxx. nnn, bonne cons.

NICEPHORUS I ET STAURACIUS.

334. Or, m. ord. N° 745, superbe cons.
335. Cuivre, m. mod. N° 746, NIK, bonne cons.
336. Cuivre, m. mod. N° 747, NIK, bonne cons.

MICHAEL I (FLAVIUS)-RHANGABÉ SEUL.

337. Cuivre, m. mod. N° 748, xxx. nnn, belle cons.

MICHAEL I ET THEOPHYLACTUS.

338. Argent, m. ord. N° 749, très-bonne cons.
339. Cuivre, p. mod. N° 750, passable cons. N° 751, passable cons.

LEO V-ARMENIUS
ET SON FILS CONSTANTINUS VII.

340. Or, m. ord. N° 752, superbe cons.
341. Argent, m. mod. N° 753, bonne cons.
342. Cuivre, m. mod. N° 754, xxx. nnn, passable cons.
343. Cuivre, m. mod. N° 755, xxx. nnn, médiocre cons. N° 756, A. K, passable cons.

MICHAEL II-BALBUS ET THEOPHILUS
OU
MICHAEL II ET THEOPHILUS.

344. Or, p. mod. N° 757, très-belle cons.
345. Argent, m. ord. N° 758, superbe cons.
346. Cuivre, m. mod. N° 759, xxx. NNN, très-belle cons.
347. Cuivre, m. mod. N° 760, xxx. NNN, bonne cons. N° 761, Θ, passable cons.
348. Cuivre, m. mod. N° 762, Θ, bonne cons. N° 763, Θ, médiocre cons.

THEOPHILUS SEUL.

349. Or, m. ord. N° 764, superbe cons.
350. Or, quinaire. N° 765, très-belle cons.
351. Or, quinaire. N° 766, très-belle cons.
352. Or, quinaire. N° 767, superbe cons.
353. Argent, m. ord. N° 768, bonne cons.
354. Cuivre, m. mod. N° 769, très-bonne cons.
355. Cuivre, m. mod. N° 770, passable cons. N° 771, xxx. NNN, mauvaise cons.
356. Cuivre, p. mod. N° 772, mauvaise cons. N° 773, xxx. NNN, mauvaise cons. N° 774, xxx. NNN, très-mauvaise cons.
357. Or pâle, m. ord. N° 775, passable cons.
358. Or pâle, m. ord, N° 776, passable cons.

MICHAEL III ET SA MÈRE THEODORA.

359. Or, m. ord. N° 777, magnifique cons.

MICHAEL III-EBRIOSUS SEUL.

360. Or, quinaire. N° 778, très-belle cons.
361. Argent, m. ord. N° 779, bonne cons.
362. Cuivre, p. mod. N° 780, ⊖, passable cons.

MICHAEL III-EBRIOSUS ET SON FILS CONSTANTINUS.

363. Or, m. ord. N° 781, belle cons.
364. Cuivre, p. mod. N° 782, passable cons. N° 783, mauvaise cons.

MICHAEL III-EBRIOSUS ET BASILIUS I-MACEDO.

365. Cuivre, m. mod. N° 784, passable cons.

BASILIUS I-MACEDO.

366. Cuivre, m. mod. N° 785, bonne cons.
367. Cuivre, p. mod. N° 786, monogramme, bonne cons.
368. Cuivre, p. mod. N° 787, bonne cons.
369. Cuivre, p. mod. N° 788, mauvaise cons.

BASILIUS I-MACEDO ET SON FILS CONSTANTINUS VIII.

370. Or, m. ord. N° 789, très-belle cons.
371. Or pâle, quinaire. N° 790, passable cons.
372. Cuivre, m. mod. N° 791, bonne cons.

BASILIUS I,
CONSTANTINUS VIII ET LEO VI-PHILOSOPHUS.

373. Cuivre, m. mod. N° 792, bonne cons.

BASILIUS I,
LEO VI-PHILOSOPHUS ET ALEXANDER.

374. Cuivre, m. mod. N° 793, bonne cons.

LEO VI-PHILOSOPHUS SEUL.

375. Cuivre, m. mod. N° 794, passable cons.
376. Cuivre, m. mod. N° 795, très-belle cons.
377. Cuivre, m. mod. N° 796, médiocre cons.
378. Cuivre, p. mod. N° 797, passable cons.

LEO VI-PHILOSOPHUS ET ALEXANDER.

379. Cuivre, m. mod. N° 798, très-bonne cons.
380. Cuivre, m. mod. N° 799, passable cons. N° 800, bonne cons.

LEO VI-PHILOSOPHUS
ET CONSTANTINUS X-PORPHYROGENITUS.

381. Or, m. ord. N° 801, superbe cons.

CONSTANTINUS X ET ZOÉ-CARBONOPSINA.

382. Cuivre m. mod. N° 802, bonne cons.
383. Cuivre, p. mod. N° 803, passable cons.

CONSTANTINUS X-PORPHYROGÉNITUS ET ROMANUS I-LACAPENUS.

384. Or, m. ord. N° 804, bonne cons.
385. Or, m. ord. N° 805, très-belle cons.

CONSTANTINUS X, ROMANUS I ET CHRISTOPHORUS.

386. Or, m. ord. N° 806, superbe cons.

CONSTANTINUS X, ROMANUS I, STEPHANUS ET CONSTANTINUS.

387. Argent, m. mod. N° 807, bonne cons.

CONSTANTINUS X-PORPHYROGENITUS SEUL.

388. Cuivre, m. mod. N° 808, assez bonne cons.
389. Cuivre, m. mod. N° 809, médiocre cons.
N° 810, mauvaise cons.
390. Cuivre, p. mod. N° 811, κ. ω, bonne cons.

CONSTANTINUS X ET ROMANUS II-JUNIOR.

391 Or, m. ord. N° 812, très-belle cons.
392. Argent, m. mod. N° 813, x, bonne cons.
393. Cuivre, m. mod. N° 814, passable cons.
394. Cuivre, m. mod. N° 815, mauvaise cons.

ROMANUS I ET CHRISTOPHORUS SON FILS.

395. Or, m. mod. N° 816, superbe cons.

ROMANUS II-JUNIOR seul.

396. Cuivre, m. mod. N° 817, passable cons.
397. Cuivre, m. mod. N° 818, médiocre cons.
398. Cuivre, p. mod. N° 819, bonne cons.

NICEPHORUS II-FOCAS seul.

399. Or, m. ord. N° 820, passable cons.
400. Argent, m. mod. N° 821, NICE, passable cons.
401. Cuivre, m. mod. N° 822, bonne cons.
402. Cuivre, p. mod. N° 823, monogramme, bonne cons.

JOANNES I-ZIMISCÈS, BASILIUS II ET CONSTANTINUS XI.

403. Argent, m. mod. N° 824, très-bonne cons.

JOANNES I-ZIMISCÈS seul.

404. Or, m. mod. N° 825, belle cons.
405. Argent, médaillon, N° 826, un triple grenetis de chaque côté, bonne cons.
406. Argent, m. mod. N° 827, Iω. AN, très-bonne cons.
407. Cuivre, m. mod. N° 828, bonne cons. N° 829, mauvaise cons. N° 830, mauvaise cons. N° 831, $\overline{\text{MP}}$. $\overline{\Theta\text{V}}$, bonne cons.
408. Cuivre, m. mod. N° 832, médiocre cons. N° 833, $\overline{\text{IS}}$, $\overline{\text{XS}}$, médiocre cons. N° 834, $\overline{\text{IS}}$, $\overline{\text{XS}}$, médiocre cons. N° 835, $\overline{\text{IS}}$, $\overline{\text{XS}}$, médiocre cons.

409. Cuivre, m. mod. N° 836, IC, XC, passable cons. N° 837, mauvaise cons. N° 838, IC, XC, NI, KA, médiocre cons. N° 839, ΘV, mauvaise cons.

410. Cuivre, m. mod. N° 840, IC, XC, NI, KA, médiocre cons. N° 841, IC, XC, médiocre cons. N° 842, IS, XS, passable cons. N° 843, M. Δ, mauvaise cons.

411 Cuivre, m. mod. N° 844, mauvaise cons. N° 845, IC, XC, passable cons. N° 846, assez bonnne cons.

412. Cuivre, m. mod. N° 847, très-mauvaise cons. N° 848, IC, XC, NI, KA, médiocre cons. N° 849, MP, Θ, passable cons.

413. Cuivre, p. mod. N° 850, monogramme, médiocre cons.

BASILIUS II ET CONSTANTINUS XI-PORPHYROGENITUS.

414. Or, m. ord. N° 851, belle cons.
415. Or, m. ord. N° 852, belle cons.
416. Or, m. ord. N° 853, très-bonne cons.
417. Argent, m. ord. N° 854, bonne cons.
418. Argent, m. ord. N° 855, bonne cons.
419. Argent, m. mod. N° 856, très-belle cons.

CONSTANTINUS XI SEUL.

420. Or, m. ord. N° 857, très-belle cons.

ROMANUS III-ARGYRUS.

421. Or, m. ord. N° 858, très-belle cons.

CONSTANTINUS XII-MONOMACHUS SEUL.

422. Or, p. mod. N° 859, belle cons.

THEODORA SEULE.

423. Or, m. ord. N° 860, belle cons.
424. Or. p. mod. N° 861, très-belle cons.

CONSANTINUS XIII-DUCAS SEUL.

425. Or, m. ord. N° 862, passable cons.
426. Or, m. ord. N° 863, bonne cons.
427. Or, m. ord. N° 864, très-belle cons.
428. Or, p. mod. N° 865, $\overline{\text{MP}}$, $\overline{\Theta\text{V}}$, passable cons.
429. Argent, m. ord. N° 866, bonne cons.
430. Cuivre, m. mod. N° 867, $\overline{\text{IC}}$, $\overline{\text{XC}}$, médiocre cons.
431. Cuivre, m. mod. N° 868, $\overline{\text{IC}}$, $\overline{\text{XC}}$, mauvaise cons. N° 869, très-mauvaise cons.

CONSTANTINUS XIII-DUCAS ET EUDOCIA-DALASSENA.

432. Cuivre, m. mod. N° 870, $\overline{\text{IC}}$, $\overline{\text{XC}}$, passable cons. N° 871, $\overline{\text{IC}}$, $\overline{\text{XC}}$, médiocre cons.
433. Cuivre, m. mod. N° 872, $\overline{\text{IC}}$, $\overline{\text{XC}}$, médiocre cons. N° 873, $\overline{\text{IC}}$, $\overline{\text{XC}}$, passable cons.
434. Cuivre, m. mod. N° 874, très-mauvaise cons. N° 875, $\overline{\text{IC}}$.... mauvaise cons.

EUDOCIA ET ROMANUS IV-DIOGENES.

433. Or, p. mod. N° 876, MP, ΘV, très-belle cons.

EUDOCIA, ROMANUS IV-DIOGENES, MICHAEL, ANDRONICUS ET CONSTANTINUS.

436. Or concave, m. ord. au grenetis, N° 877, médiocre cons.

EUDOCIA, MICHAEL ET CONSTANTINUS.

437. Or concave, m. ord. au grenetis, N° 878, superbe cons.

ROMANUS IV-DIOGENES SEUL.

438. Cuivre, m. mod. N° 879, x, passable cons.
439. Cuivre, m. mod. N° 880, x, médiocre cons.

MICHAEL VII-DUCAS SEUL.

440. Or concave, m. ord. au grenetis, N° 881, très-belle cons.
441. Argent concave, m. ord. au grenetis, N° 882, MP, ΘV, très-belle cons.
442. Argent, p. mod. N° 883, passable cons.
443. Cuivre, m. mod. N° 884, IC, XC, médiocre cons.
444. Cuivre, m. mod. N° 885, IC, XC, médiocre cons. N° 886, XC, mauvaise cons.

445. Cuivre, m. mod. N° 887, c, k, p, Δ, mauvaise cons.

446. Cuivre, m. mod. N° 888, mauvaise cons. N° 889, ΙC, XC, médiocre cons.

MICHAEL VII-DUCAS ET MARIA.

447. Or, p. mod. N° 890, M, ΘV, très-bonne cons.

448. Argent, m. ord. N° 891, passable cons.

NICEPHORUS III-BOTANIATES.

449. Or concave, m. ord. au grenetis, N° 892, ΙC, XC, superbe cons.

450. Or, m. ord, primitivement concave, mais les bords ont été coupés, N° 893, ΙC, XC, bonne cons.

451. Or très-pâle, m. ord. primitivement concave, N° 894, bonne cons.

452. Cuivre, m. mod. N° 895, c, Φ, N, Δ, passable cons.

453. Cuivre, m. mod. N° 896, c, Φ, N, Δ, bonne cons.

ALEXIUS I-COMNENUS SEUL.

454. Or concave, m. ord. au grenetis, N° 897, ΙC, XC, bonne cons.

455. Argent, p. mod. N° 898, MP, ΘV, passable cons.

456. Argent, p. mod. N° 899, médiocre cons.

457. Cuivre, m. mod. N° 900, ΙC, XC, NI, KA, médiocre cons.

458. Cuivre, m. mod. N° 901, IC, XC, NI, KA, passable cons.

459. Cuivre, m. mod. N° 902, mauvaise cons. N° 903, AA, mauvaise cons. N° 904, C, Φ, AA, Δ, médiocre cons.

460. Cuivre p. mod. N° 905, C, Φ, AA, Δ, médiocre cons. N° 906, C, Φ, AA, Δ, très-mauvaise cons.

461. Cuivre, p. mod. N° 907, IC, XC, mauvaise cons. N° 908, IC, XC, passable cons.

ALEXIUS I ET JOANNES II-COMNENUS.

462. Or concave, m. ord. au grenetis, N° 909, IC, XC, très-belle cons.

463. Cuivre concave, p. mod. au grenetis, N° 910, IC, XC, passable cons. N° 911, IC, XC, médiocre cons. N° 912, IC, XC, médiocre cons.

464. Cuivre concave, p. mod au grenetis, N° 913, IC, XC, faible cons. N° 914, IC, XC, passable cons. N° 915, IC, XC, passable cons.

465. Cuivre concave, p. mod. au grenetis, N° 916, IC, XC, passable cons. N° 917, IC, XC, médiocre cons.

JOANNES II-COMNENUS SEUL.

466. Or concave, m. ord. au grenetis, N° 918, belle cons.

467. Or concave, m. ord. au grenetis, N° 919, IC, XC, très-bonne cons.

468. Argent, m. ord. N° 920, IC, XC, passable cons.

469. Argent, m. ord. N° 921, passable cons.

470. Cuivre concave, p. mod. au grenetis. N° 922, très-mauvaise cons. N° 923, mauvaise cons. N° 924, ĪC, X̄C, médiocre cons.

471. Cuivre concave, p. mod. au grenetis. N° 925, ĪC, X̄C, médiocre cons. N° 926, N̄P, médiocre cons. N° 927, mauvaise cons.

472. Cuivre, p. mod. N° 928, mauvaise cons. N° 929, très-mauvaise cons. N° 930, ĪC, X̄C, médiocre cons.

473. Cuivre, p. mod. N° 931, médiocre cons. N° 932, mauvaise cons. N° 933, X̄C, passable cons.

MANUEL I-COMNENUS SEUL.

474. Or, concave, m. ord. au grenetis. N° 934, ĪC, X̄C, superbe cons.

475. Or, m. ord. N° 935, ĪC, X̄C, bonne cons.

476. Argent concave, m. ord. au grenetis. N° 936, ĪC, X̄C, superbe cons.

477. Argent concave, m. ord. au grenetis. N° 937, ĪC, X̄C, superbe cons.

478. Argent concave ou or très-pâle, m. ord. au grenetis, N° 938, très-belle cons.

479. Argent, m. ord. N° 939, A, Є, V, Γ, Є, N, I, O, passable cons.

480. Argent, m. ord. N° 940, passable cons.

481. Argent, m. ord. N° 941, passable cons.

482. Cuivre, concave, m. ord. au grenetis, N° 942, ĪC, X̄C, passable cons. N° 943, ĪC, X̄C, passable cons.

483. Cuivre concave, p. mod. au grenetis, N° 944, ĪC, X̄C, mauvaise cons. N° 945, ĪC, XC, passable cons. N° 946, ĪC, médiocre cons.

484. Cuivre concave, m. ord. au grenetis, N° 947, IC, XC, passable cons. N° 948, MP, ΘV, passable cons. N° 949, IC, XC, médiocre cons.

485. Cuivre p. mod. N° 950, ΜΠΑΔΚ, médiocre cons. N° 951, IC, XC, médiocre cons.

486. Cuivre, p. mod. N° 952, IC, XC, mauvaise cons. N° 953, passable cons. N° 954, MP, ΘV, passable cons.

487. Cuivre, p. mod. N° 955, MP, ΘV, mauvaise cons. N° 956, IC, XC, mauvaise cons. N° 957, médiocre cons.

488. Cuivre, p. mod. N° 958, ΜΠΑΔΚ, mauvaise cons. N° 959, mauvaise cons. N° 960, IC, XC, médiocre cons.

489. Cuivre, p. mod. N° 961, IC, XC, passable cons. N° 962, IC, XC, passable cons. N° 963, IC, XC, mauvaise cons.

ALEXIUS II-COMNENUS SEUL.

490. Argent, m. ord. N° 964, Α, Ο, ЄV, ΓЄ, assez bonne cons.

ANDRONICUS I-COMNENUS SEUL.

491. Argent concave, m. ord. au grenetis, N° 965, MP, ΘV, superbe cons.

492. Cuivre concave, p. mod. au grenetis. N° 966, MP, ΘV, bonne cons.

493. Cuivre concave, mais applati. N° 967, MP, ΘV, passable cons.

494. Cuivre, p. mod. N° 968, MP, ΘV, passable cons.

495. Cuivre, p. mod. N° 969, Δ, Ο, Δ, bonne cons.

496. Argent, m. ord. N° 970, EV, passable cons.

ISAACIUS II-ANGELUS SEUL.

497. Or concave, m. ord. au grenetis, N° 971, MP, ΘV, magnifique cons.
498. Argent concave, p. mod. au grenetis, N° 972, MP, ΘV, superbe cons.
499. Cuivre concave, entouré d'une sertissure en filigrane avec anneau, p. mod. au grenetis. N° 973, HP, belle cons.
500. Cuivre concave, p. mod. au grenetis. N° 974, MP, ΘV, médiocre cons. N° 975, mauvaise cons. N° 976, mauvaise cons.
501. Cuivre, p. mod. N° 977, mauvaise cons. N° 978, mauvaise cons. N° 979, passable cons. N° 980, Θ, mauvaise cons.

ALEXIUS III-ANGELUS-COMNENUS SEUL.

502. Argent, concave, p. mod. au grenetis, N° 981, médiocre cons.
503. Cuivre, p. mod. N° 982, IC, XC, passable cons.
504. Cuivre, p. mod. N° 983, IC, XC, médiocre cons. N° 984, Λ, Α, Κ, Φ, bonne cons. N° 985, IC, XC, médiocre cons.
505. Cuivre, p. mod. N° 986, Λ, Α, Κ, Φ, passable cons. N° 987, ΚΦ, bonne cons.

ALEXIUS V-DUCAS-MURTZUPHLUS SEUL.

506. Cuivre, p. mod. N° 988, ΟΓΕΡω, médiocre cons. N° 989, mauvaise cons.

Empire Latin de Constantinople.

BAUDOUIN I DE FLANDRE SEUL.

507. Cuivre, m. mod. N° 990, x, passable cons.

Incertaines frappées sous la régence de Henri de Flandre et sous les règnes de ses successeurs, empereurs latins de Constantinople.

508. Cuivre, m. mod. N° 991, x, médiocre cons. N° 992, x, médiocre cons.

509. Cuivre, m. mod. N° 993, IC, XC, passable cons. N° 994, mauvaise cons. N° 995, médiocre cons.

510. Cuivre, m. mod. N° 996, B, A, D, N, mauvaise cons. N° 997, AA...Y, mauvaise cons.

Empereurs grecs de Nicée.

THEODORUS I-LASCARIS SEUL.

511. Or concave, m. ord. au grenetis. N° 998, monogramme AA, bonne cons.

JOANNES III-DUCAS-VATATZES SEUL.

512. Argent concave, m. ord. au grenetis. N° 999, ЄMMA NϐHA, belle cons.

513. Cuivre, p. mod. N° 1000, très-bonne cons.

514. Cuivre, p. mod. N° 1001, passable cons.

THEODORUS III-DUCAS-VATATZES seul.

515. Or concave, m. ord. au grenetis, N° 1002, très-bonne cons.
516. Argent concave, m. ord. au grenetis, N° 1003, magnifique cons.
517. Cuivre, p. mod. N° 1004 ΘΕΘΔΩΡΟϹ ΔΕϹΠΟΤΗϹ ΔΟΥΚΑϹ, bonne cons.
518. Cuivre concave, m. mod. au grenetis. N° 1005, mauvaise cons.

MICHAEL VIII-PALÆOLOGUS seul.

519. Or concave, m. mod. au grenetis. N° 1006, MP, ΘV, bonne cons.

Empereurs grecs de Thessalonique.

MANUEL-ANGELUS seul.

520. Cuivre concave, p. mod. au grenetis, N° 1007, médiocre cons.

JOANNES-ANGELUS seul.

521. Cuivre, p. mod. N° 1008, Ο ΔΗΜΗΤΡΙ, mauvaise cons.
522. Cuivre, p. mod. N° 1009, Ο ΔΗΜΗΤΡΙ, mauvaise cons.

Empereurs grecs de Trébizonde.

JOANNES I-COMNENUS SEUL.

523. Or concave, m. ord. au grenetis, N° 1010, IC, XC, belle cons.

MICHAEL VIII-PALÆOLOGUS SEUL.

524. Or concave, p. mod. au grenetis. N° 1011, passable cons.

ANDRONICUS II-PALÆOLOGUS SEUL.

525. Or concave, m. ord. au grenetis. N° 1012, B. A, très-bonne cons.

ANDRONICUS II ET MICHAEL IX-PALÆOLOGUS.

526. Or concave, m. ord. au grenetis, N° 1013, médiocre cons.
527. Argent, m. ord. N° 1014, médiocre cons.
528. Cuivre, p. mod. N° 1015, MP, ΘV, mauvaise cons.
529. Cuivre, p. mod. N° 1016, xx, mauvaise cons.
530. Cuivre, p. mod. N° 1017, ΑΝΔΡΟΝΙΚΟC..ΔΕCΠΟΤΗC, passable cons.

ANDRONICUS II SEUL.

DEUXIÈME PÉRIODE.

531. Cuivre, p. mod. N° 1018, ΟΓΕ...ΡωΓΙΟS, mauvaise cons.

ANDRONICUS II ET ANDRONICUS III
SON PETIT-FILS.

532. Argent, m. ord. N° 1019, ĪC, X̄C, bonne cons.
533. Cuivre concave, m. ord. au grenetis, N° 1020, médiocre cons.
534. Cuivre concave, m. ord. au grenetis. N° 1021, ĪC, X̄C, médiocre cons.
535. Cuivre p. mod. N° 1022, B, très-mauvaise cons.

ANDRONICUS III-JUNIOR SEUL.

536. Cuivre concave, p. mod. au grenetis. N° 1023, O ΑΓΙΟΙ ΔΗΜΗΤΡΙΟϹ, médiocre cons.

JOANNES V-PALÆOLOGUS SEUL.

537. Cuivre concave, p. mod. au grenetis, N° 1024, O, ΑΓΗΟϹ ΔΗ...ΗΤΡΙΟϹ, passable cons.
538. Cuivre, p. mod. N° 1025, E, T, F, faible cons.
539. Cuivre, p. mod. N° 1026, MT, mauvaise cons.

ANDRONICUS IV-PALÆOLOGUS SEUL.

540. Argent, p. mod. N° 1027, ĪC, X̄C, passable cons.
541. Cuivre, p. mod, N° 1028, ĪC, X̄C, AH, KA, mauvaise cons.

MANUEL II-PALÆOLOGUS SEUL.

542. Argent, m. ord. N° 1029, ĪC, X̄C, passable cons.
543. Argent, m. ord. N° 1030, passable cons.

544. Médaillon d'argent avec double légende, m. mod. N° 1031, IC, passable cons.

MANUEL II
JOANNES VII-PALÆOLOGUS ET IRÈNE.

545. Cuivre, p. mod. N° 1032, passable cons.

JOANNES VIII-PALÆOLOGUS SEUL.

546. Argent, m. ord. N° 1033, IC, XC, médiocre cons.

547. Argent, p. mod. N° 1034, IC, XC, médiocre cons.

548. Cuivre jaune concave, m. ord. au grenetis, N° 1035, MP, ΘV, mauvaise cons.

www.ingramcontent.com/pod-product-compliance
Ingram Content Group UK Ltd.
Pitfield, Milton Keynes, MK11 3LW, UK
UKHW021027180726
13838UKWH00004B/1645

9 782329 395128